SAMUEL BETSAYYAD

Der Messianische Torah-Kommentar II - V

Ich werde meine Torah in ihr Inneres legen und
werde sie auf ihr Herz schreiben.

(Jeremia 31:33)

SAMUEL BETSAYYAD

Der Messianische Torah-Kommentar II - V

Re Di Roma-Verlag

Bibliografische Information der Deutschen Nationalbibliothek:
Die Deutsche Nationalbibliothek verzeichnet diese Publikation in der Deutschen Nationalbibliografie; detaillierte bibliografische Daten sind im Internet über http://dnb.ddb.de abrufbar.

ISBN 978-3-96103-456-7

Bibelzitate: Elberfelder Übersetzung

www.rediroma-verlag.de
6,95 Euro (D)

INHALTSVERZEICHNIS I

INHALTSVERZEICHNIS II

VORWORT

✡✡✡

Die Torah ist die „Weisung" Gottes für sein auserwähltes Volk Israel. Sie ist der erste Teil des Tanach, der hebräischen Bibel, und sie besteht aus fünf Büchern, weshalb sie im Judentum auch *chamischa chumsche torah* „Die fünf Fünftel der Torah" genannt wird. In den deutschen christlichen Bibelübersetzungen sind dies die fünf Bücher Mose oder auch der Pentateuch.

Samuel hat nun in seinem Messianischen Torah-Kommentar zu den Büchern II - V die Wochenabschnitte aus neutestamentlicher Sicht mit Blick auf den Erlöser Yeshua HaMaschiach und die christliche Gemeinde vertieft. Dass Gottes Worte in der jüdischen Torah und Gottes Worte im christlichen „Neuen Testament" aus ein und demselben göttlichen Geist gespeist sind, hat Samuel in seinen Kommentaren durchgängig wunderbar aufleuchten lassen.

Alle, die ein Herz für Israel und das Volk Gottes haben, werden seinen Messianischen Torah-Kommentar mit Gewinn lesen.

Johann Wolfgang Friemel
Leitung
Israelgebetskreis der FCG Frankfurt e.V.

✡✡✡

Torah-Kommentar #13

von Samuel Betsayyad

Wöchentlicher Torahabschnitt:

Schemot – Namen
2. Mose 1:1-6:1

++++++++++++++++++++++++++++++++++++++
++++++++++++++++++++++++++++++++++++++

Inhalt:

Der Wochenabschnitt „Schemot“ berichtet, dass der Gott Israels zu Mose, dem hebräischen Propheten, durch einen brennenden Dornbusch redete und ihn beauftragte, sein Volk aus dem ägyptischen Exil (hebr.: Galut) zu führen.

Mose zweifelte, dass er dieser Aufgabe gewachsen sei und so stellte der HERR ihm seinen Bruder Aaron zur Seite.

Kommentar:

Wenn wir einen Dienst für den HERRN tun wollen, brauchen wir viel Geduld, vor allem mit uns selbst, um zu reifen und zu wachsen in Glaube, Hoffnung und Liebe!

Torah-Kommentar #14

von Samuel Betsayyad

Wöchentlicher Torahabschnitt:

Wa'era – Ich erschien
2. Mose 6:2-9:35

+++++++++++++++++++++++++++++++++++++
+++++++++++++++++++++++++++++++++++++

<u>Inhalt:</u>

Der Wochenabschnitt „Wa'era" spricht über Mose und Aaron, wie sie vor den Pharao treten und fordern, das Volk Israel ziehen zu lassen.

Dabei verwandelt sich der Stab Aarons in eine Schlange und frisst die Schlangen der ägyptischen Magier auf. Daraufhin folgte die erste Plage.

<u>Kommentar:</u>

Wenn du dich machtlos fühlst, ist dies kein Grund zu verzweifeln, sondern eine Situation, in der du die Macht Gottes mit Zeichen und Wunder erleben kannst!

Aufgeben ist keine Alternative! Bleib im Gebet!

Torah-Kommentar #15

von Samuel Betsayyad

Wöchentlicher Torahabschnitt:

Bo – Komm!
2. Mose 10:1-13:16

++++++++++++++++++++++++++++++++++++++
++++++++++++++++++++++++++++++++++++++

Inhalt:

Der Wochenabschnitt „Bo" spricht über den Auszug der Israeliten aus Ägypten.

Die Israeliten sollten das Blut eines männlichen Lammes an die Türpfosten und Oberschwellen ihrer Häuser streichen, damit der Todesengel ihre Erstgeburt verschont.

Kommentar:

Wenn wir uns auf das Blut des Lammes Yeshua HaMashiach berufen, vor dem HERRN unsere Sünden bereuen und sie bekennen, so ist der HERR treu und gerecht und vergibt uns unsere unbewusst begangenen (3. Mose 4:2-3) und bewusst begangenen Sünden (1. Johannes 1:9).

Torah-Kommentar #16

von Samuel Betsayyad

Wöchentlicher Torahabschnitt:

Beschalach – Als er ziehen ließ
2. Mose 13:17-17:16

++
++

Inhalt:

Der Wochenabschnitt „Beschalach“ spricht über die Teilung des Schilfmeeres.

Kommentar:

Über Yeshua HaMashiach lesen wir im „Neuen Testament“ (hebr.: Brit Chadasha), dass er der Weg ist. Wer diesen Weg wählt, kann sich darauf verlassen, dass er hält, was er verspricht, nämlich die Erlösung von der Sünde (hebr.: Yetzer HaRa)!

Unabhängig von den sichtbaren Opfern ist ein Lebensstil der Buße und Umkehr unabdingbar, welcher im Herzen eines Menschen seinen Anfang hat und bis in die kommende Welt (hebr.: Olam HaBa) seinen Weg findet.

Torah-Kommentar #17

von Samuel Betsayyad

Wöchentlicher Torahabschnitt:

Jetro – Jitro
2. Mose 18:1-20:26

++

Inhalt:

Der Wochenabschnitt „Jetro" spricht über die Übergabe der 10 Gebote an Mose. „Und ihr sollt mir ein Königreich von Priestern und eine heilige Nation sein."

Kommentar:

Heilig im biblischen Sinne heißt nicht, eine moralische Überlegenheit darzustellen, sondern eine Absonderung vom Profanen, so wie der Schabat das Heilige (Ruhe) vom Profanen (Arbeit) trennt.

Als Nachfolger von Yeshua sind wir ein geistliches Volk, das Israel nicht ersetzt, sondern ergänzt, so wie jedes Gebot der Torah eine physische, wie auch eine geistliche Bedeutung hat.

Torah-Kommentar #18

von Samuel Betsayyad

Wöchentlicher Torahabschnitt:

Mischpatim – Rechte
2. Mose 21:1-24:18

++

++

Inhalt:

Der Wochenabschnitt „Mischpatim" spricht auch über Speisegebote. „Du sollst ein Böcklein nicht in der Milch seiner Mutter kochen."

Kommentar:

Dieses Gebot aus der schriftlichen Torah beinhaltet eine geistliche und eine physische Bedeutung. Es ist zum einen unmoralisch, die Intimität zwischen Mutter und Kind zu verachten; die andere Bedeutung ist, dass Milch das Bakterienwachstum beschleunigt und die Mahlzeit nicht zum Genuss, sondern zum gesundheitlichen Risiko werden kann. Milchige und fleischige Speisen werden daher nicht zusammen verzehrt. Das ist nicht gesetzlich, sondern gesund!

Torah-Kommentar #19

von Samuel Betsayyad

Wöchentlicher Torahabschnitt:

Terumah – Hebe / Abgabe
2. Mose 25:1-27:19

++
++

Inhalt:

Der Wochenabschnitt „Terumah“ spricht über den Bau der Stiftshütte. „Und sie sollen mir ein Heiligtum machen, daß ich unter ihnen wohne.“

Kommentar:

Gott braucht kein Haus, um darin zu wohnen. Wir Menschen sind es, die Orte brauchen, die uns erinnern, dass Gott heilig und einzigartig ist. Orte der Ruhe und des Gebets. Unsere Kirchen und Gemeinden, unsere Gotteshäuser sollten dies widerspiegeln und nicht als Mehrzweckhallen für ohrenbetäubende Konzerte und Spaßveranstaltungen herhalten müssen, um Kirchenferne in die Gemeinden zu locken.Wer Gott begegnen möchte, der Suche den HERRN in der Stille und im Gebet.

Torah-Kommentar #20

von Samuel Betsayyad

Wöchentlicher Torahabschnitt:

Tetzawa – Du sollst befehlen
2. Mose 27:20-30:10

++
++

Inhalt:

Der Wochenabschnitt „Tetzawa“ spricht über die „ewige Flamme“.

Gott trägt dem Mose auf, von den Kindern Israels reines Olivenöl für die „ewige Flamme“ der Menorah (hebr.: Leuchter) zu bekommen, die Aaron jeden Tag anzünden und die „vom Abend bis zum Morgen“ brennen soll.

Kommentar:

Das Feuer des Heiligen Geistes soll in uns beständig brennen, doch dafür müssen wir Gottes Wort täglich in uns aufnehmen. Dadurch ausgerüstet wirst du mit Gottes Hilfe nach deinen Kämpfen als Sieger vom Platz gehen.

Torah-Kommentar #21
von Samuel Betsayyad

Wöchentlicher Torahabschnitt:

Ki Tissa – Wenn du zählst
2. Mose 30:11-34:35

++
++

Inhalt:

Der Wochenabschnitt „Ki Tissa“ spricht über den Tanz um das „Goldene Kalb“. Getanzt wird auch beim Losefest „Purim“. Es wird daran erinnert, dass die Juden im Alten Persien vor einem Pogrom durch die jüdische Königin Esther (hebr.: Hadassah) gerettet wurden und gestärkt aus dieser schwierigen Situation hervorgegangen sind.

Kommentar:

Im Heutigen Persien gibt es wiederholt Kräfte, die Israel vernichten wollen, doch von der Bibel lernen wir, dass derjenige, der Juden einen Galgen baut, selbst einmal daran hängen wird!

Chag Purim Sameach!

Torah-Kommentar #22

von Samuel Betsayyad

Wöchentlicher Torahabschnitt:

Wajakhel – Er versammelte
2. Mose 35:1-38:20

++
++

Inhalt:

Der Wochenabschnitt „Wajakhel“ spricht über die Großzügigkeit der Israeliten.

Mose sagt dem Volk Israel, dass für den Bau der Stiftshütte noch einiges gebraucht wird. Daraufhin spendet das Volk Edelmetalle, Stoffe, Felle, Holz, Öle, Gewürze, Edelsteine.

Kommentar:

Wie ist es bei uns? Geben wir dem HERRN von unserem Besten oder nur die Krümel, die von unserem Tisch fallen? Es lohnt sich, über diese Frage nachzudenken und den Willen Gottes zu tun, denn „einen fröhlichen Geber liebt Gott“ und wird ihn reichlich dafür belohnen!

Torah-Kommentar #23

von Samuel Betsayyad

Wöchentlicher Torahabschnitt:

Pekudej – Die Zählung
2. Mose 38:21-40:38

++
++

Inhalt:

Der Wochenabschnitt „Pekudej" spricht über das Priestertum. Die priesterlichen Gewänder werden vervollständigt, die Stiftshütte wird vollendet, Aaron und seine vier Söhne werden gesalbt und die Gegenwart Gottes erfüllt das Heiligtum.

Kommentar:

Vieles in unserem Leben ist ein Prozess, und das eine baut auf dem anderen auf. Oft sind wir ungeduldig und wollen nicht warten, doch der HERR arbeitet in Prozessen, damit wir reifen und geformt werden. Stelle dich deinen Schwächen und erlaube dem Heiligen Geist, in dir zu wirken und dich zu beschneiden, damit du gute Frucht bringst.

Torah-Kommentar #24

von Samuel Betsayyad

Wöchentlicher Torahabschnitt:

Wajikra – Er rief
3. Mose 1:1-5:26

++
++

Inhalt:

Der Wochenabschnitt „Wajikra“ spricht über verschiedene Opfer. Im Jerusalemer Tempel wurden verschiedene Opfer dargebracht. Das aufsteigende Opfer (hebr.: Ola), die Mehlopfer (hebr.: Mincha), das Friedensopfer (hebr.: Schelamim), verschiedene Sündopfer (hebr.: Chatat) und das Schuldopfer (hebr.: Ascham).

Kommentar:

Yeshua HaMashiach gab sein Leben als Schuldopfer zuerst für Israel und dann für alle Völker der Erde, um die Beziehung zwischen Gott und der Menschheit wiederherzustellen. Der HERR hat den Tisch gedeckt, und alle Menschen sind eingeladen, an der Tafel Platz zu nehmen.

Torah-Kommentar #25

von Samuel Betsayyad

Wöchentlicher Torahabschnitt:

Zaw – Befiehl!
3. Mose 6:1-8:36

++
++

Inhalt:

Der Wochenabschnitt „Zaw“ spricht über die Priesterweihe, die 7 Tage dauert. Aaron und seine Söhne werden zu Priestern geweiht, um dem Volk Israel zu dienen. Sie werden von Mose gelehrt und ausgebildet, um ihren Dienst vor Gott und dem Volk zu tun.

Kommentar:

Auch du bist vom Gott Israels erwählt, ein Diener für dein Volk zu sein, nämlich dein Volk näher an Gottes Herz zu bringen, und das geht auch ohne Titel, vielleicht sogar schon in 7 Tagen. Schau nicht auf Äußerlichkeiten, denn es steht geschrieben: „Der Mensch sieht, was vor Augen ist, der HERR aber sieht das Herz an.“ (1. Samuel 16:7)

Torah-Kommentar #26

von Samuel Betsayyad

Wöchentlicher Torahabschnitt:

Schemini – Am achten Tag
3. Mose 9:1-11:47

++
++

Inhalt:

Der Wochenabschnitt „Schemini“ spricht über das „fremde Feuer“.

Aarons Söhne Nadaw und Awihu bringen ein „fremdes Feuer“ zum Tempelaltar, ohne das Gott es aufgetragen hat. Daraufhin sterben beide Priester sehr plötzlich.

Kommentar:

Manchmal werden wir ungeduldig und wollen etwas nachhelfen, um unsere Ziele zu erreichen.

Doch Vorsicht ist geboten! Seien es geistliche oder physische Dinge, die Konsequenzen können sehr hart sein und könnten dein Leben kosten.

Torah-Kommentar #27

von Samuel Betsayyad

Wöchentlicher Torahabschnitt:

Tasria – Sie empfängt
3. Mose 12:1-13:59

+++++++++++++++++++++++++++++++++++++
+++++++++++++++++++++++++++++++++++++

Inhalt:

Der Wochenabschnitt „Tasria“ spricht über Reinheit und Unreinheit.

Nach einer Geburt ist eine Frau rituell unrein und muss gewisse Regeln einhalten, bis sie wieder am gesellschaftlichen Leben teilnehmen darf.

Kommentar:

Im „Neuen Testament“ (hebr.: Brit Chadasha) lesen wir, dass sich die Mutter von Yeshua HaMashiach nach der Geburt an die in der Torah verordneten Reinheitsgebote hielt und das entsprechende Opfer im Jerusalemer Tempel darbrachte (siehe Lukas 2:22-24). Yeshua HaMashiach hatte halt eine echte jiddische Mame!

Torah-Kommentar #28

von Samuel Betsayyad

Wöchentlicher Torahabschnitt:

Mezora – Aussätziger
3. Mose 14:1-15:33

++
++

Inhalt:

Der Wochenabschnitt „Mezora“ spricht über Aussatz.

Hier werden verschiedene Situationen von Unreinheit beschrieben. Unreinheit am Körper durch Körperflüssigkeiten wie Schleim, Blut und Sperma. Unreinheit an Gegenständen wie Kleidung oder auch Häuser.

Kommentar:

Die Bibel ruft uns nicht nur zur physischen Hygiene auf, sondern auch zur Seelenhygiene. Was du hörst und siehst, sollte dir nicht gleichgültig sein, sondern bewusst von dir geprüft werden, ob es dich aufbaut oder deiner Seele schadet.

Torah-Kommentar #29

von Samuel Betsayyad

Wöchentlicher Torahabschnitt:

Achare Mot – Nach dem Tod
3. Mose 16:1-18:30

++
++

Inhalt:

Der Wochenabschnitt „Achare Mot" spricht über Jom Kippur. Am Versöhnungstag ging zur Zeit der Jerusalemer Tempel der Hohepriester (hebr.: Kohen Gadol) in das Allerheiligste und erwirkte Sühnung für die Sünden seines Volkes.

Kommentar:

Der Unterschied zwischen den Opfern im mosaischen Bund und Yeshua als das Schuldopfer (hebr.: Korban Asham) im „Neuen Bund" ist, dass wer sich auf Yeshua HaMashiach beruft, von der Wurzel der Sünde (hebr.: Yetzer HaRa) erlöst wird, welches wir als Prozess der Heiligung und Nachfolge kennen. Möge dein Name im Buch des Lebens eingeschrieben sein.

Torah-Kommentar #30

von Samuel Betsayyad

Wöchentlicher Torahabschnitt:

Kedoschim – Heilige
3. Mose 19:1-20:27

++
++

Inhalt:

Der Wochenabschnitt „Kedoschim“ spricht über Nächstenliebe.

Kommentar:

Rabbi Akiwa hat es das Kardinal-Prinzip der Torah genannt. Rabbi Hillel sagte: „Das ist die ganze Torah, der Rest ist Kommentar.“

Seinen Nächsten zu lieben, bedeutet neben den physischen auch die geistlichen Bedürfnisse eines Menschen zu stillen. Jeder Mensch braucht die Liebe Gottes, um wiederhergestellt zu werden und um Liebe mit anderen Menschen teilen zu können. Yeshua will dir diese göttliche Kraft geben, damit du deine Mitmenschen lieben kannst!

Torah-Kommentar #31

von Samuel Betsayyad

Wöchentlicher Torahabschnitt:

Emor – Sprich!
3. Mose 21:1-24:23

++++++++++++++++++++++++++++++++++++++
++++++++++++++++++++++++++++++++++++++

Inhalt:

Der Wochenabschnitt „Emor" spricht über die Feste des HERRN.

Kommentar:

Von Pessach bis Schavuot werden 50 Tage gezählt, welches als Omer-Zählung bezeichnet wird. Der 33. Tag der Omer-Zählung unterbricht die Trauerzeit und ist ein Tag der Freude, an dem z.B. auch Hochzeiten gefeiert werden.

Als Nachfolger von Yeshua HaMashiach können wir mit unseren jüdischen Geschwistern Schavuot feiern, welches dem christlichen Pfingstfest entspricht und uns erinnern, dass der Gott Israels sein Feuer in unser aller Herzen ausgießen will.

Torah-Kommentar #32

von Samuel Betsayyad

Wöchentlicher Torahabschnitt:

Behar – Auf dem Berge
3. Mose 25:1-26:2

++
++

Inhalt:

Der Wochenabschnitt „Behar“ spricht über das Schabatjahr.

Der HERR redet mit Mose auf dem Sinai und ordnet an, dass das Volk Israel, wenn es in das Land Israel kommt, ein Schabatjahr sowohl in der Landwirtschaft als auch in zwischenmenschlichen Angelegenheiten einhalten soll.

Kommentar:

Nach großer Anstrengung brauchen wir meist eine Auszeit, um Kräfte zu sammeln und zur Ruhe zu kommen und uns auf bevorstehende Herausforderungen vorzubereiten. Du darfst dich entspannen, ohne ein schlechtes Gewissen zu haben!

Torah-Kommentar #33

von Samuel Betsayyad

Wöchentlicher Torahabschnitt:

Bechukkotei – In meinen Satzungen
3. Mose 26:3-27:34

++

Inhalt:

Der Wochenabschnitt „Bechukkotei“ spricht über Gottes Treue zu Israel.

„Selbst wenn sie im Land ihrer Feinde sind, werde ich sie weder aufgeben noch verachten, weder zerstören, noch Meinen Bund mit ihnen brechen, denn Ich bin der Herr ihr Gott.“

Kommentar:

Wenn du dich von Gott bestraft fühlst, dann sei dir gewiss, dass Gott sogar in solchen Situationen dich nicht aufgibt, dich nicht verachtet, dich nicht zerstören will und den Bund, den er mit dir durch Yeshua geschlossen hat, nicht brechen wird, denn der HERR dein Gott ist mit dir!

Torah-Kommentar #34
von Samuel Betsayyad

Wöchentlicher Torahabschnitt:

Bamidbar – In der Wüste
4. Mose 1:1-4:20

++
++

Inhalt:

Der Wochenabschnitt „Bamidbar" spricht über eine von Gott angeordnete Volkszählung Israels.

Kommentar:

Wir lesen sowohl in der Hebräischen Bibel (hebr.: Tanach) als auch im „Neuen Testament" (hebr.: Brit Chadasha), dass es im Laufe der Zeit immer wieder einen Zensus gab.

Es geht meist darum zu wissen wieviele Kämpfer oder wieviele Steuerzahler man hat, um den Kampf finanzieren zu können. Jedoch darf man den Wert eines Menschen nicht mit einer Zahl ausdrücken wollen, weil jede Seele aus dem Atem Gottes geschaffen ist und daher unbezahlbar ist.

Torah-Kommentar #35

von Samuel Betsayyad

Wöchentlicher Torahabschnitt:

Nasso – Erhebe
4. Mose 4:21-7:89

++
++

Inhalt:

Der Wochenabschnitt „Nasso" spricht über den Aaronitischen Segen.

Kommentar:

In unserer „reich beschenkten" westlichen Gesellschaft ist man materiell gut versorgt und hält dies wohl für eine Selbstverständlichkeit, jedoch ist der Westen geistlich gesehen am Verhungern und andere Religionen und politische Ideologien wollen dieses Vakuum füllen.

Das alte deutsche Sprichwort „An Gottes Segen ist alles gelegen" hat auch noch heute in keinster Weise an Bedeutung verloren und ist wie ein Leuchtfeuer für kommende Generationen.

Torah-Kommentar #36

von Samuel Betsayyad

Wöchentlicher Torahabschnitt:

Be HaAlotecha – Wenn du anzündest
4. Mose 8:1-12:16

++++++++++++++++++++++++++++++++++++++
++++++++++++++++++++++++++++++++++++++

Inhalt:

Der Wochenabschnitt „Be HaAlotecha" spricht über einen kulinarischen Konflikt.

Kommentar:

Das Volk Israel verlangt in der Wüste von Mose, ihnen Fleisch zum Essen zu geben. Dieser Wunsch der Israeliten verdeutlicht den Konflikt zwischen der Sünde (Fleisch) und dem Gehorsam gegenüber dem Wort Gottes (Brot).

Gottes Wort wurde sichtbar im Fleisch von Yeshua HaMashiach, welches geschlagen, gefoltert und gekreuzigt wurde. Wenn wir Yeshua am Kreuz sehen, dann sehen wir unser Fleisch, unsere Sünde, die ans Kreuz geschlagen wurde.

Torah-Kommentar #37

von Samuel Betsayyad

Wöchentlicher Torahabschnitt:

Schlach – Schicke!
4. Mose 13:1-15:41

++
++

Inhalt:

Der Wochenabschnitt „Schlach" spricht über den Kampf um das Gelobte Land. 12 Spione erkunden auf Anweisung von Mose das Gelobte Land. Zehn Kundschafter raten vom Kampf ab, da das Land von Riesen bewohnt sei. Nur Josua und Kaleb wollen dem HERRN vertrauen und den Kampf aufnehmen.

Kommentar:

Es steht geschrieben, dass man Gott mehr gehorchen soll als Menschen. Wenn der HERR dir etwas geben will, dann wird er es auch tun, egal wieviele Schwierigkeiten vorhanden sind, denn was bei Menschen unmöglich ist, das ist möglich bei Gott! Lerne dem HERRN zu vertrauen!

Torah-Kommentar #38

von Samuel Betsayyad

Wöchentlicher Torahabschnitt:

Korach – Korah
4. Mose 16:1-18:32

++
++

Inhalt:

Der Wochenabschnitt „Korach" spricht über die Erwählung Aarons als Hohepriester. Aus Aarons Stab wachsen Mandelblüten hervor.

Kommentar:

Wenn wir in Psalm 23 lesen „Dein Stecken und Stab, sie trösten mich", dann darfst du dir gewiss sein, dass Yeshua HaMashiach, der auch unser Hohepriester (hebr.: Kohen Gadol) ist, seinen Stab der Autorität nicht dazu gebrauchen wird, dich zu schlagen, sondern dich zu leiten und zu schützen und deine Würde wiederherzustellen.

Lass dich vom Heiligen Geist leiten, der dich lehren wird, welchen Weg du gehen sollst!

Torah-Kommentar #39

von Samuel Betsayyad

Wöchentlicher Torahabschnitt:

Chukkat – Satzung
4. Mose 19:1-22:1

++
++

Inhalt:

Der Wochenabschnitt „Chukkat" spricht über die Asche der Roten Kuh. Gott ordnet an, dass zur Entsündigung des Volkes eine Mischung aus Wasser, der Asche einer Roten Kuh, Zedernholz, Ysop und Karmesin hergestellt werden soll.

Kommentar:

Yeshua vergoss an einem Holzkreuz sein Blut. Mit einem Ysop-Zweig wurde ihm zu Trinken gegeben und die Soldaten losten um seinen karmesin-roten Mantel. Im christlichen Kontext spricht man über Yeshua als das Lamm Gottes, doch man kann auch den Messias Israels als die Rote Kuh bezeichnen, durch die wir gereinigt und entsündigt werden, wenn wir IHN darum bitten.

Torah-Kommentar #40
von Samuel Betsayyad

Wöchentlicher Torahabschnitt:

Balak – Balak
4. Mose 22:2-25:9

++++++++++++++++++++++++++++++++++++++
++++++++++++++++++++++++++++++++++++++

Inhalt:

Der Wochenabschnitt „Balak" spricht über den Propheten Bileam. Der moabitische König Balak ruft den nichtjüdischen Propheten Bileam zu sich, um das Volk Israel zu verfluchen. Auf dem Weg sieht Bileams Eselin einen Engel des HERRN, der den Weg versperrt. Daraufhin schlägt Bileam die Eselin. In Moab angekommen soll Bileam das Volk Israel verfluchen, aber aus seinem Mund kommen nur Segenssprüche.

Kommentar:

Ob du einen Propheten Gottes oder einen falschen Propheten vor dir hast, erkennst du daran, dass er Israel segnet oder flucht. Wer das Volk Israel segnet, wird gesegnet werden!

Torah-Kommentar #41
von Samuel Betsayyad

Wöchentlicher Torahabschnitt:

Pinchas – Pinchas
4. Mose 25:10-30:1

++
++

Inhalt:

Der Wochenabschnitt „Pinchas" spricht über Aarons Enkel Pinchas.

Kommentar:

Yishai Schlissel, der 2005 und 2015 Teilnehmer der Jerusalem Gay Parade mit einem Messer attackierte und eine Teilnehmerin dabei tötete, sah sich warscheinlich als ein moderner Pinchas, der das Strafgericht Gottes vollzog.

Aus jüdisch-religiöser Sicht ist jedoch die alleinige legitime Instanz, eine Todesstrafe nach jüdischem Recht (hebr.: HaLacha) zu verhängen der Jerusalemer Sanhedrin, der aus 71 Rabbinern besteht, damals wie auch heute!

Torah-Kommentar #42

von Samuel Betsayyad

Wöchentlicher Torahabschnitt:

Mattot – Stämme
4. Mose 30:2-32:42

++
++

Inhalt:

Der Wochenabschnitt „Mattot" spricht über einen Kompromiss. Die Stämme Ruben, Gad und der halbe Stamm Manasse bitten Mose um das Land östlich des Jordans. Mose ärgert sich zunächst darüber, stimmt aber zu, wenn sie die Eroberung des Landes westlich des Jordans anführen.

Kommentar:

Mose ist kompromissbereit, weil er das Wohl des ganzen Volkes im Blick hat und nicht nur die Interessen einzelner Stämme berücksichtigen will.

Wenn du einen Kompromiss machen kannst, um „den Laden" zusammen zu halten, dann tu dies. Das lernen wir vom jüdischen Propheten Mose!

Torah-Kommentar #43

von Samuel Betsayyad

Wöchentlicher Torahabschnitt:

Massei – Wanderungen
4. Mose 33:1-36:13

++
++

Inhalt:

Der Wochenabschnitt „Massei" spricht über die Grenzen Israels. Bevor die Israeliten den Jordan überqueren zeigt Mose dem Volk Israel im wahrsten Sinne seine Grenzen auf. Der Euphrat und der Nil, sagt die Bibel, sind die gottgewollten Grenzen vom Land Israel für das Volk Israel.

Kommentar:

Nachdem die „Bedrängnis Jakobs" ein Ende gefunden hat, nimmt das Volk Israel sein Land wieder in Besitz und schlägt Wurzeln.

Lass uns dafür beten, dass Israel wiederhergestellt und erlöst wird, und lass uns auf Yeshua HaMashiach schauen, der schnell kommen wird!

Torah-Kommentar #44

von Samuel Betsayyad

Wöchentlicher Torahabschnitt:

Dewarim – Reden
5. Mose 1:1-3:22

++
++

Inhalt:

Der Wochenabschnitt „Dewarim" spricht über Erinnerungen. Bevor das Volk Israel in das Heilige Land kommt, erinnert sich Mose an vergangene Entscheidungen. Das Ernennen von Richtern, die Entsendung von Kundschaftern in das Feindesland, der Krieg gegen die amoritischen Könige Sichon und Og.

Kommentar:

Unsere deutsche Erinnerungskultur ist ein Ausdruck dessen, dass wir verhindern wollen, dass solche Verbrechen, wie sie 1933 bis 1945 geschahen, nochmals verübt werden können. Wer sich aber nicht erinnert und sich nicht hinterfragt, der kann auch keine Buße und Umkehr tun.

Torah-Kommentar #45

von Samuel Betsayyad

Wöchentlicher Torahabschnitt:

Wa'etchanan – Und ich flehte
5. Mose 3:23-7:11

++++++++++++++++++++++++++++++++++++++
++++++++++++++++++++++++++++++++++++++

Inhalt:

Der Wochenabschnitt „Wa'etchanan" spricht über den Rückblick des Mose.

Mose hält einen Rückblick über den Exodus aus Ägypten und schärft dem Volk Israel ein, dass so etwas in der Geschichte der Menschheit einzigartig ist, welches den einzigen Gott beweist.

Kommentar:

Wenn du in einem Rückspiegel dein Leben betrachten könntest, dann könntest du sicherlich viele Situationen sehen, wo der HERR dich bewahrt und geführt hat. Das ist ein Grund, dem Gott Israels von ganzem Herzen zu danken. Der HERR, der Gott Israels ist Einer!

Torah-Kommentar #46

von Samuel Betsayyad

Wöchentlicher Torahabschnitt:

Ekew – Sobald
5. Mose 7:12-11:25

+++
+++

Inhalt:

Der Wochenabschnitt „Ekew" spricht über das „Himmelsbrot". 40 Jahre wurde das Volk Israel von Gott mit Manna, dem „Himmelsbrot" versorgt und gesättigt.

Kommentar:

Die Israeliten sollten in der Wüste lernen, dass der Mensch nicht vom Brot allein, sondern von den Worten aus Gottes Mund lebt.

Der „süße Tau" musste vom Boden gesammelt, geknetet und gebacken werden. So beteiligt uns Gott an seinem Wirken auf dieser Erde. Sein Wort aufzunehmen hilft uns geistlich zu wachsen und befähigt uns, andere zu ermutigen und zu stärken.

Torah-Kommentar #47

von Samuel Betsayyad

Wöchentlicher Torahabschnitt:

Re'eh – Sieh!
5. Mose 11:26-16:17

++++++++++++++++++++++++++++++++++++++
++++++++++++++++++++++++++++++++++++++

Inhalt:

Im Wochenabschnitt „Re'eh" spricht Mose über Segen und Fluch.

Kommentar:

Wenn Israel Gottes Gebote (hebr.: Mitzvot) tut, dann segnet Gott diesen Gehorsam, und wenn Israel gegen Gottes Willen handelt, dann ist Fluch die Konsequenz, das sich in kriegerischen Auseinandersetzungen, Missernten und Wassermangel zeigen kann.

Dieses Prinzip von Belohnung und Strafe gilt nicht nur für das Volk Israel, sondern für die ganze Weltgemeinschaft. Gott ist nicht nur ein Gott der Gnade, sondern auch ein Gott des Rechts.

Torah-Kommentar #48

von Samuel Betsayyad

Wöchentlicher Torahabschnitt:

Schoftim – Richter
5. Mose 16:18-21:9

++
++

Inhalt:

Im Wochenabschnitt „Schoftim" lesen wir, dass den Israeliten geboten wird, dass bei der Belagerung einer Stadt die umherstehenden Obstbäume nicht abgehauen werden dürfen. Bäume, die keine genießbaren Früchte hervorbringen, dürfen abgehauen werden.

Kommentar:

Im „Neuen Testament" (hebr.: Brit Chadasha) lesen wir, dass Yeshua sagte, dass wir Frucht bringen werden, wenn wir in IHM und ER in uns ist. Für diejenigen, die ihre Mitmenschen nicht lieben wie sich selbst, gilt: „Jeder Baum, der nicht gute Früchte bringt, wird abgehauen und ins Feuer geworfen." (Matthäus 7:19)

Torah-Kommentar #49

von Samuel Betsayyad

Wöchentlicher Torahabschnitt:

Ki Teze – Wenn du ziehst
5. Mose 21:10-25:19

++

Inhalt:

Im Wochenabschnitt „Ki Teze" lesen wir, dass man einem Ochsen nicht das Maul verbinden soll, solange er drischt.

Kommentar:

Es handelt sich dabei nicht nur um ein biblisches Tierschutzgesetz, sondern kann auch auf Menschen angewendet werden, nämlich dass ein Arbeiter seines Lohnes wert ist.

Deine Herkunft bestimmt bei Gott nicht deinen Status, sondern deine Liebe zum HERRN und deine Bereitschaft, IHM in Treue zu dienen.
Der HERR des Weinberges sucht dich als einen guten und treuen Mitarbeiter!

Torah-Kommentar #50

von Samuel Betsayyad

Wöchentlicher Torahabschnitt:

Ki Tawo – Wenn du kommst
5. Mose 26:1-29:8

++++++++++++++++++++++++++++++++++++++
++++++++++++++++++++++++++++++++++++++

Inhalt:

Im Wochenabschnitt „Ki Tawo" sprechen Mose und die Ältesten: „Sei still und höre Israel!"

Kommentar:

Hören ist nicht gleich Hören. Man kann mit den menschlichen Ohren die Stimme einer Person hören, aber die Stimme des HERRN mit dem Herzen zu hören und das Gehörte in die Tat umzusetzen, ist ein geistliches Hören, das jeder von uns täglich trainieren sollte.

Nicht nur wir hören seine Stimme, sondern Gott hört und erhört auch unsere Stimme. Manchmal sehr schnell, doch meist brauchen wir Geduld. So sagt es sein Wort und so haben wir es erlebt.

Torah-Kommentar #51
von Samuel Betsayyad

Wöchentlicher Torahabschnitt:

Nitzawim – Ihr steht
5. Mose 29:9-30:20

++++++++++++++++++++++++++++++++++++
++++++++++++++++++++++++++++++++++++

Inhalt:

Der Wochenabschnitt „Nitzawim" spricht zu dir: „So wähle das Leben, damit du lebst, du und deine Nachkommen."

Kommentar:

Oft gibt es im Leben schwierige Situationen, an denen man wachsen oder auch zerschellen kann. Manche Menschen fühlen sich den Umständen nicht gewachsen und denken, dass der Tod ein Ausweg sei. Yeshua spricht heute zu dir nicht aufzugeben, sondern mutig zu sein und das Leben zu wählen und deine Hoffnung nicht im Irdischen, sondern im Himmlischen zu suchen. Der Schöpfer deines Lebens will, dass du lebst und wird dich in deinen Stürmen begleiten und die Wogen glätten.

Torah-Kommentar #52

von Samuel Betsayyad

Wöchentlicher Torahabschnitt:

Wajelech – Er ging
5. Mose 31:1-30

++
++

Inhalt:

Der Wochenabschnitt „Wajelech" berichtet, dass Mose 120 Jahre alt ist und spürt, dass er bald sterben wird. Deshalb beruft er Josua als Nachfolger und gibt ihm den Auftrag, das Volk Israel in das Gelobte Land zu führen.

Kommentar:

Als Nachfolger von Yeshua HaMashiach haben wir den Auftrag bekommen, das Reich Gottes auf Erden zu vergrößern und zu stärken. Die Liebe Gottes ist die stärkste Kraft im und außerhalb des Universums und möchte sich dir persönlich in Wort und Tat ausdrücken. Diese Liebe drängt sich dir nicht auf, sondern wartet darauf, dass du sie von ganzem Herzen suchst. Liebe kann warten!

Torah-Kommentar #53

von Samuel Betsayyad

Wöchentlicher Torahabschnitt:

Ha'asinu – Höret!
5. Mose 32:1-52

++
++

Inhalt:

Der Wochenabschnitt „Ha'asinu" sagt, dass Mose auf Gottes Befehl hin auf den Berg Nebo steigen und in das Gelobte Land schauen soll, das er zu seinen Lebzeiten nicht betreten wird.

Kommentar:

Theodor Herzl war ein Mann mit Vision, der auf das Ziel hinarbeitete, dass Juden aus allen Nationen in das Land ihrer Vorväter nach Eretz Yisrael zurückkehren können. Ihm war es jedoch nicht vergönnt, die Gründung des "Judenstaates" Israel mitzuerleben, nach dem er sich mit ganzem Herzen sehnte. Von Herzl lernen wir mit dem Herzen zu glauben, auch wenn unsere Augen das Ziel noch nicht sehen können!

Torah-Kommentar #54
von Samuel Betsayyad

Wöchentlicher Torahabschnitt:

Wesot Haberacha – Das ist Segen!
5. Mose 33:1-34:12

++
++

Inhalt:

Der Wochenabschnitt „Wesot Haberacha" berichtet, dass Mose vor seinem Tod die zwölf Stämme Israels segnet.

Kommentar:

Mose hinterlässt die schriftliche und mündliche Torah und gibt seinen Segen dem Volk Israel.

Yeshua HaMashiach hat selbst kein Buch geschrieben, sondern die Torah strenger ausgelegt, als die damaligen Schriftgelehrten es taten. Gott möchte seine Gebote durch seinen Heiligen Geist auf unsere Herzenstafeln schreiben, damit wir uns heiligen, denn der HERR ist heilig und wir sollen auch heilig sein! Amen und Amen

BIBELZITATE

3. Mose 4:2-3

Wenn jemand aus Versehen sündigt gegen irgendetwas, was der HERR zu tun verboten hat, und irgendeines von ihnen tut (...), dann soll er für seine Sünde, die er begangen hat, dem HERRN einen Jungstier ohne Fehler als Sündopfer darbringen!

1. Johannes 1:9

Wenn wir unsere Sünden bekennen, ist er treu und gerecht, dass er uns die Sünden vergibt und uns reinigt von jeder Ungerechtigkeit.

2. Korinther 9:7

(...) denn einen fröhlichen Geber liebt Gott.

1. Samuel 16:7

Denn der Mensch sieht auf das, was vor Augen ist, aber der HERR sieht auf das Herz.

Lukas 2:22-24

Und als die Tage ihrer Reinigung nach dem Gesetz Moses vollendet waren, brachten sie ihn nach Jerusalem hinauf, um ihn dem Herrn darzustellen

(...) und ein Schlachtopfer zu geben nach dem, was im Gesetz des Herrn gesagt ist: ein Paar Turteltauben oder zwei junge Tauben.

Apostelgeschichte 5:29

Man muss Gott mehr gehorchen als Menschen.

1. Mose 12:3

Und ich will segnen, die dich segnen, und wer dir flucht, den werde ich verfluchen; und in dir sollen gesegnet werden alle Geschlechter der Erde!

1. Timotheus 5:18

Denn die Schrift sagt: „Du sollst dem Ochsen, der da drischt, nicht das Maul verbinden", und: „Der Arbeiter ist seines Lohnes wert."

3. Mose 10:10

Ihr sollt unterscheiden, was heilig und unheilig, was unrein und rein ist (...).

✡✡✡